Stella Maidment a Lorena Roberts

Stryd Hapus

Llyfr Dosbarth

1

DRAKE

Y ganolfan hamdden

Tomi

Tŷ Hapus

Dad

Mam Gwyn

Gwyn

Non

Del

Jac

Fflat Gwyn

Fflos

STRYD HAPUS

Yr ysgol

Mr Potter

Miss Jones

Y siop

Rhys

Y parc

Mari

Mam

1. Croeso i Stryd Hapus!

Gwrandewch a canwch.

Helo, Gwyn ydw i. Pwy wyt ti?

Non ydw i.

A Jac ydw i!

Dewch i chwarae gyda ni!
Dewch i chwarae nawr!
Non ydw i.
Jac ydw i!
Gwyn ydw i!
Helo Gwyn!
Helo, helo ,helo, helo!
Dewch i chwarae nawr!

4 **Gwrandewch a darllenwch.**

1. Pwy wyt ti? Dyma Mari!
2. Helo Mari! Gwyn ydw i. Helo!
3. Pwy wyt ti? Dyma Del! Miaw!
4. O na! Dyma Fflos!
5. Hwyl fawr! Wff! Wff! Miaw!

Uned 1 Gwers 2

5

7 **Canwch y gân.**

Chwarae yn yr ardd - un, dau,
Chwarae yn yr ardd - tri.
Chwarae yn yr ardd - pedwar, pump,
Dyma hwyl a sbri.

Chwarae yn yr ardd - chwech, saith,
Chwarae yn yr ardd - wyth.
Chwarae yn yr ardd - naw, deg,
Dyma hwyl a sbri.

Un, dau, tri, pedwar, pump,
Chwech, saith, wyth, naw, deg.
I lawr â nhw - pob un
Wedi sgorio deg.

8 **Gwrandewch a dangoswch.**

| un | dau | tri | pedwar | pump | chwech | saith | wyth | naw | deg |

Uned 1 Gwers 3

Darllenwch.

Helo, Aled ydw i!

Helo, Gareth ydw i!

Helo, Sara ydw i!

Helo. Elen ydw i!

Helo, Aled, sut wyt ti?

Iawn, diolch.

Hwyl, Gareth!

Hwyl!

Wela i chi yfory!

Uned 1 Gwers 4

2 Yn yr ysgol

11 **Canwch y gân.**

Beth yw hwn?
Pensil, pensil!
Hei Gwyn!
Pensil!
Yn gorwedd ar y llawr!

12 **Gwrandewch a dangoswch.**

| pensil | pen | rwber | pren mesur | cas pensiliau | llyfr |

YSGOL STRYD HAPUS

8

Uned 2 Gwers 1

14 **Gwrandewch a darllenwch.**

1. O diar!

2. Ga i fenthyg rwber, os gwelwch yn dda?
   Cei. Dyma ti!
   Diolch!

3. O na! Ble mae'r pensil?

4. Ga i fenthyg pensil, os gwelwch yn dda?
   Cei. Dyma ti!
   Diolch!

5. O na!

6. Llyfrau, os gwelwch yn dda! Diolch, Jac!
   RING
   JAC!

Uned 2 Gwers 2

16 **Dywedwch y rhigwm.**

Dangoswch rywbeth coch, coch!
  Dyma rywbeth coch, coch!

Dangoswch rywbeth glas, glas!
  Dyma rywbeth glas, glas!

Dangoswch rywbeth gwyrdd, gwyrdd!
  Dyma rywbeth gwyrdd, gwyrdd!

Dangoswch rywbeth melyn mawr!
  Dyma rywbeth melyn mawr!

17 **Gwrandewch a dangoswch.**

| coch | glas | gwyrdd | melyn | du | brown | oren | pinc | gwyn | porffor |

Uned 2 Gwers 3

19 **Gwrandewch a dywedwch.**

Pa liw ydy'r cas pensiliau?

Glas.

Pa liw ydy'r pren mesur?

Melyn.

Dw i'n gwybod! Rhif 5!

Ie! Ti nesaf!

Nawr chwaraewch y gêm.

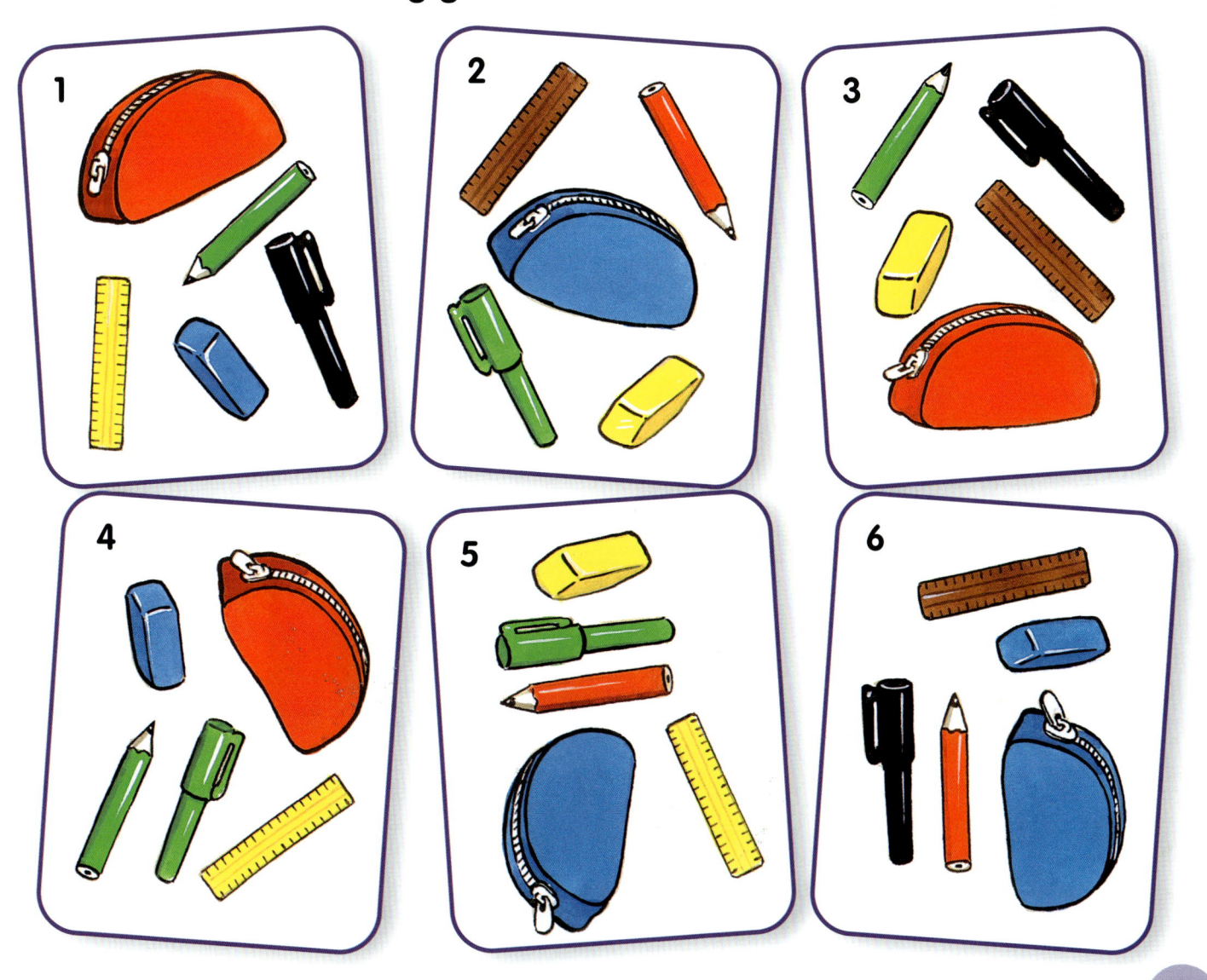

1 2 3

4 5 6

Uned 2 Gwers 4

11

Darllenwch.

Dyma fy ffrind, Tom.

Dyma'r dosbarth.

Dyma fy athrawes, Miss Mills.

Dyma'r bag ysgol.

12

Uned 2 Gwers 5

Antur Alun

Stori 1: Y Ddraig Goch

1. Pwy ydy hwn?
Cnoc! Cnoc! Cnoc!

2. Pwy wyt ti?
Ym... Alun ydw i.

3. Iawn. Dyma ti!

4. Beth ydy hwn? Tortsh a gêm i'r cyfrifiadur! Gwych!

5. Dau, tri, dau, tri, dau?

6. Iawn, dau... tri... dau... tri... dau...
WOOOOAAAAAAH!

Diwedd rhan 1...

Uned 2 Gwers 6

3. Tŷ Hapus

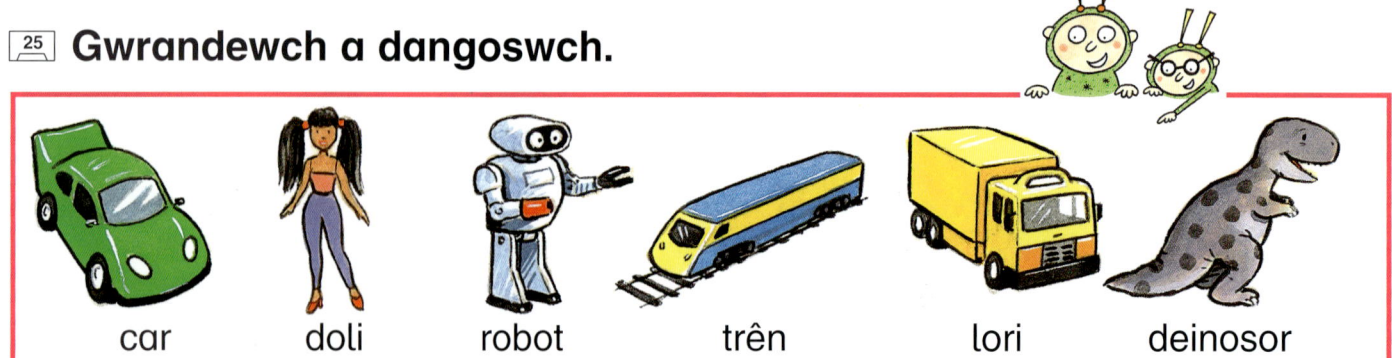

24 **Canwch y gân.**

Chwarae gyda'r car
Dyma hwyl a sbri.
Gwrando ar y sŵn,
Rhu y deinosor.

25 **Gwrandewch a dangoswch.**

| car | doli | robot | trên | lori | deinosor |

Uned 3 Gwers 1

27 **Gwrandewch a darllenwch.**

1. Beth ydy hwn? Car?
Nage. Aros funud!

2. Dw i'n gwybod! Robot!

3. Robot, Mari?
Wn i ddim!

4. Robot, Jac?
Dydy e ddim yn robot.

5. Dim car ... a dim robot ... mmm.

6. Roced, Non?
Ie! Roced!

7. 10, 9, 8, 7, 6, 5, 4, 3, 2, 1
BANT Â NI!

Uned 3 Gwers 2

Dywedwch y rhigwm.

Robot coch ydw i - beth dw i'n gallu wneud?
Robot glas ydw i - beth dw i'n gallu wneud?

Robot coch – sefwch!
Robot glas – sefwch!

2  
Cytgan
Robot coch – dwylo i fyny!
Robot glas – dwylo i fyny!

3 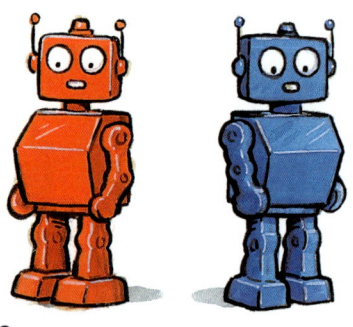
Cytgan
Robot coch – dwylo i lawr!
Robot glas – dwylo i lawr!

4 
Cytgan
Robot coch – trowch mewn cylch!
Robot glas – trowch mewn cylch!

5 
Cytgan
Robot coch – llaw ar eich pen!
Robot glas – llaw ar eich pen!

6 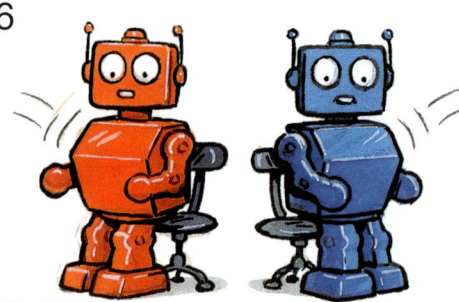
Cytgan
Robot coch – eisteddwch!
Robot glas – eisteddwch!

31 **Gwrandewch a dywedwch.**

"Doli goch, tryc gwyn, car melyn, robot glas."

"Ie. Ti nesaf."

"Doli goch, tryc gwyn, car melyn... Rhif 2?"

Nawr chwaraewch y gêm.

Uned 3 Gwers 4

17

Darllenwch.

> Dyma fy hoff degan. Car du a melyn ydy e. Mae'n wych!

> Dyma fy hoff degan. Doli ydy hi. Mae hi'n bert.

> Fy hoff gêm ydy gêm i'r cyfrifiadur. Gêm ddeinosor ydy hi.

Uned 3 Gwers 5

Antur Alun

Y Ddraig Goch: Rhan 2

1. Helo, Awel ydw i! Wyt ti'n iawn?
Ydw, dw i'n iawn!

2. Mae popeth yn ddu! Coed du, blodau du! Ond pam?

3. Beth ydy hwn?
Y ddraig goch. O na!

4. Helpwch ni! Mae'r ddraig goch yn gwneud popeth yn ddu.
Sut?

5. Dewch i gastell y ddraig.

6. Byddwch yn ofalus!

Diwedd rhan 2...

Uned 3 Gwers 6

19

Darllen estynedig

Dyma fi!
Darllenwch y llythyr.

9 Heol y Parc
Wrecsam

Mai 5ed

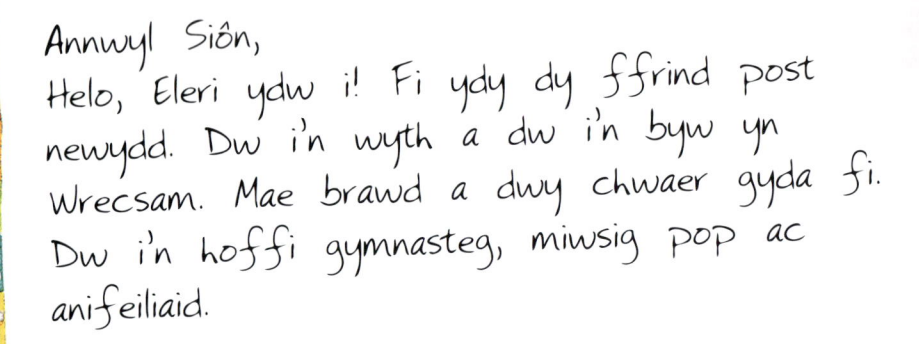

Annwyl Siôn,
Helo, Eleri ydw i! Fi ydy dy ffrind post newydd. Dw i'n wyth a dw i'n byw yn Wrecsam. Mae brawd a dwy chwaer gyda fi. Dw i'n hoffi gymnasteg, miwsig pop ac anifeiliaid.

Mae pedwar anifail anwes gyda fi – ci, cwningen a dwy gath. Pan dw i'n fawr dw i eisiau bod yn filfeddyg.

Beth amdanat ti? Oes anifeiliaid anwes gyda ti? Beth wyt ti eisiau bod pan wyt ti'n fawr?

Ysgrifenna 'nôl,

Dy ffrind,
Eleri

Mae gen i un brawd, Harri, a dwy chwaer – Carys a Bethan.

Dwi'n hoffi gymnasteg.

Dyma fi gyda Ben.

Nawr ysgrifennwch lythyr at eich ffrind post.

20

Pan dw i'n fawr dw i eisiau bod yn...

ddoctor

ofodwr

ganwr/gantores

athro/athrawes

yrrwr/yrwraig ceir rasio

ddawnsiwr/ddawnswraig

filfeddyg

nyrs

Canwch y gân.

Dw i eisiau bod yn enwog,
Yn seren bop o fri,
Dw i eisiau bod yn enwog,
Beth amdanat ti?

Dw i eisiau bod yn enwog,
Yn bêl-droediwr o fri,
Dw i eisiau bod yn enwog,
Beth amdanat ti?

Dw i eisiau bod yn enwog,
Yn seren ffilm o fri,
Dw i eisiau bod yn enwog,
Beth amdanat ti?

Hwyl Hywel!

Dewch gar bach! Brysiwch!

FRRWWWM!!!

Pan dw i'n fawr dw i eisiau bod yn gar rasio!

4 Yn y siop

38 **Dywedwch y rhigwm.**

Wyt ti eisiau afal?
Afal mawr i de?
Neu wyt ti eisiau hufen iâ?
  Hufen iâ i fi!

39 **Gwrandewch a dangoswch.**

| afal | oren | cacen | peren | banana | hufen iâ |

22

Uned 4 Gwers 1

Grandewch a darllenwch.

1.
O! Helo, Jac! Helo, Mari!
Helo, Rhys! Ga i ddeg banana, os gwelwch yn dda?

2.
Mae'n ddrwg gyda fi! Sawl un?
Deg.

3.
Unrhywbeth arall?
Deg afal, os gwelwch yn dda.

4.
Mae'n ddrwg gyda fi! Sawl un?
DEG!

5.
A dau hufen iâ, os gwelwch yn dda.
Iawn.

6.
Dyma ti. Deg hufen iâ!
Deg? Nage - DAU! Dau hufen iâ!

Uned 4 Gwers 2

23

Canwch y gân.

Dw i'n hoffi pizza, dw i'n hoffi stêc,
Dw i'n hoffi pasta – ymmm.
Dw i'n hoffi cathod – mae cathod yn cŵl!
Ond dw i ddim yn hoffi chi!
MIAW!

Dw i'n hoffi bisgedi, dw i'n hoffi cacenni,
Dw i'n hoffi siocled – ymmm.
Dw i'n hoffi cŵn – mae cŵn yn cŵl!
Ond dw i ddim yn hoffi chi!
GRRRR!

Gwrandewch a dywedwch.

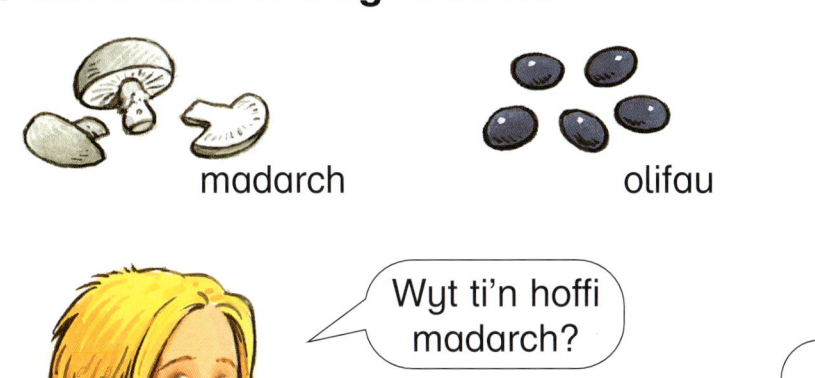

madarch   olifau    puprau

Wyt ti'n hoffi madarch? — Ydw!
Wyt ti'n hoffi olifau? — Nag ydw!
Wyt ti'n hoffi puprau? — Ydw!
Rwyt ti eisiau pizza rhif 2! — Ydw!

Nawr chwaraewch y gêm.

Bwydlen Pizza

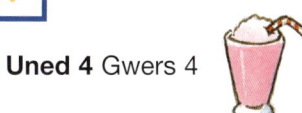

1 2 3 4
5 6 7 8

Uned 4 Gwers 4

25

Darllenwch.

Dw i'n hoffi creision ŷd a llaeth i frecwast.

Fy hoff ginio ydy pasta a ffrwythau.

Dw i'n hoffi cacen siocled a sudd oren i de.

Uned 4 Gwers 5

Antur Alun

Y Ddraig Goch: Rhan 3

1. Dyma ni. / Mewn â ni!
2. O na! / Aaaaa!
3. Help!
4. Dw i ddim yn hoffi hyn!
5. Mae'n iawn. Dyma dortsh. Beth ydy hwn? / Drws.
6. O na!
7. Mmm... tybed!
8. Dau, tri, dau, tri, dau...Ie!
9. Dewch, Alun. Rhedwch

Diwedd rhan 3 ...

Uned 4 Gwers 6

5 Yn y parc

50 **Canwch y gân.**

Mae pêl gyda fi,
Mae pêl gyda fi,
Mae pêl gyda fi,
Bant â ni!
Bant â ni i'r parc!
Bant â ni i'r parc!
Bant â ni i'r parc!
Bant â ni!

51 **Gwrandewch a dangoswch.**

| pêl | barcud | awyren | cwch | beic | sglefrfwrdd |

Uned 5 Gwers 1

Gwrandewch a darllenwch.

1. Beth am chwarae pêl-droed? — Iawn! Gwych!
2. Gwyn, oes pêl gyda ti? — Ym - nag oes.
3. Oes pêl gyda *ti*, Jac? — Nag oes.
4. Ga i chwarae? — Oes pêl gyda ti?
5. Oes, dyma hi! — Gwych! Bant â ni!
6. Gôl!

Uned 5 Gwers 2

29

55 **Canwch y gân.**

Caewch eich llygaid, caewch eich llygaid!
Yn y llwyni, dyma sbri!
Caewch eich llygaid un, dau, tri!
Edrychwch nawr - ble ydw i?

1, 2, 3, 4,
5, 6, 7, 8,
9, 10, 11, 12,
13, 14, 15, 16,
17, 18, 19, 20.
Dyma fi'n dod!

Uned 5 Gwers 3

Gwrandewch a dywedwch.

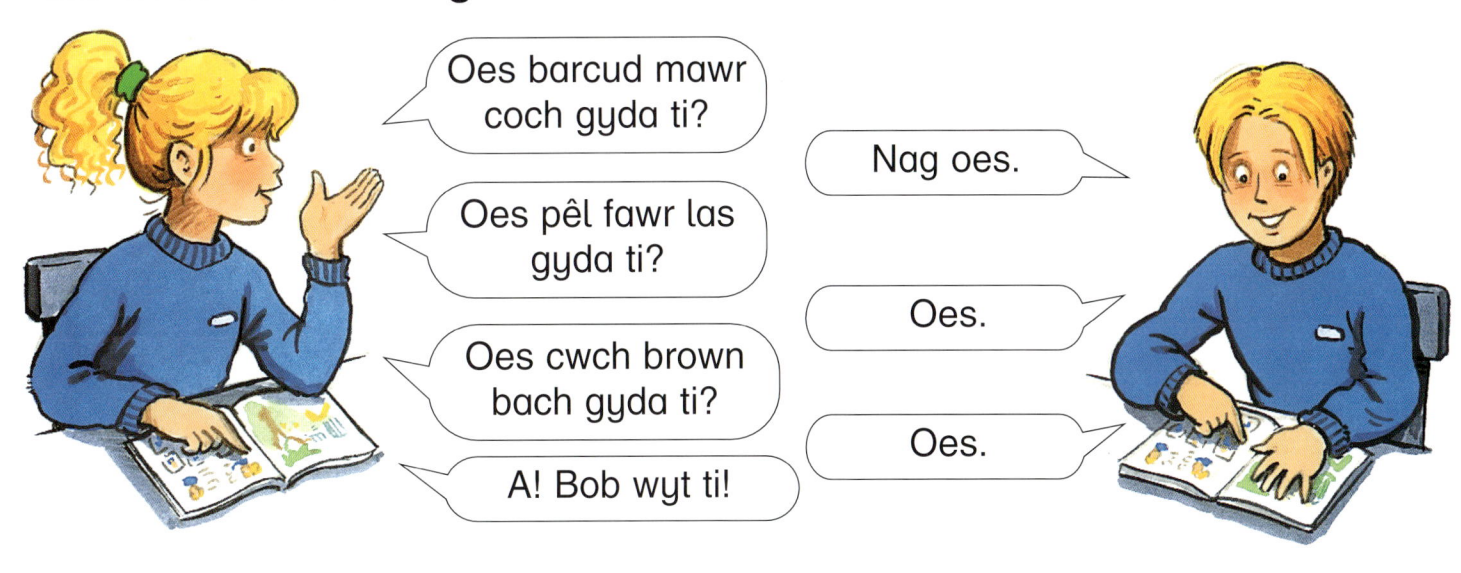

Oes barcud mawr coch gyda ti?

Nag oes.

Oes pêl fawr las gyda ti?

Oes.

Oes cwch brown bach gyda ti?

Oes.

A! Bob wyt ti!

Nawr chwaraewch y gêm.

1 Rhys
2 Sali
3 Bob
4 Siân
5 Dan
6 Mair

Uned 5 Gwers 4

31

Darllenwch.

Does dim raced tenis gyda fi a does dim pêl gyda fi!

Mae'n iawn! Mae peli tenis a dwy raced tenis gyda fi. Bant â ni i chwarae tenis!

Edrychwch - mae sglefrolion gyda fi.

Mae sglefrolion gyda fi hefyd. Beth am ras?

Uned 5 Gwers 5

Antur Alun

Y Ddraig Goch: Rhan 4

1. Gwrandewch! Dewch gyda fi! ZZZZ ZZZZ

2. Mae hi'n cysgu. Diolch byth!

3. Oes tortsh gyda ti? Oes. Gwasgwch y botwm glas!

4.

5. Y golau glas. Dw i ddim yn hoffi'r golau glas! Aaaa!

6.

7. Awel! Y ddraig - mae'n fach!

8. Edrychwch! Coed gwyrdd a blodau coch, pinc a melyn! Alun... ?

9. Gartre eto! DIOLCH ALUN! Y Diwedd.

Uned 5 Gwers 6

Darllen estynedig

Amser parti!

Dymuniad pen-blwydd Rhodri.

1

Pen-blwydd Hapus i ti!

Ffion: Pen-blwydd Hapus, Rhodri.
Rhodri: Diolch!
Ffion: Faint ydy dy oed di, Rhodri?
Rhodri: Wel, rhifwch y canhwyllau.
Ffion: Iawn! Un, dau, tri, pedwar, pump, chwech, saith, wyth... Mae wyth cannwyll.
Rhodri: Dyna fe. Dw i'n wyth heddiw.

2

Ffion: Wel, dewch, Rhodri, caewch eich llygaid, chwythu a gwneud dymuniad!
Rhodri: Dymuniad?
Ffion: Ie.
Rhodri: Iawn. Dw i eisiau ceffyl hud!

3

Y plant: Waw! Edrychwch! Ceffyl hud...
Ffion: Ie. Mae e'n gallu hedfan - edrychwch, mae adenydd ganddo!
Ungorn: Pen-blwydd hapus, Rhodri.
Y plant: Ac mae e'n gallu siarad!
Ungorn: Dewch Rhodri, dewch am reid!

4

Ungorn: Iawn, Rhodri. Un, dau, tri... Bant â ni!
Rhodri: Hwyl fawr, bawb!
Y plant: Hwyl fawr, Rhodri!
Ffion: Dyna ddymuniad gwych, Rhodri!

Gwnewch ddymuniad ar eich pen-blwydd.

Darllenwch y rhigwm a chwaraewch y gêm.

1. Mae'r ffermwr ar ei fferm
   Mae'r ffermwr ar ei fferm
   I - O, I - O
   Mae'r ffermwr ar ei fferm.

2. Mae'r ffermwr eisiau gwraig...

3. Mae'r wraig eisiau plentyn...

4. Mae'r plentyn eisiau ci....

5. Mae pawb yn patio'r ci....

ci ffermwr gwraig plentyn

Mae'r ffermwr ar ei fferm...    Mae'r ffermwr eisiau gwraig...    Mae pawb yn patio'r ci...

Hwyl Hywel!

Pen-blwydd Hapus i ti! Am hwyl a sbri!    Gwelais i fwnci...    oedd yn edrych fel ti!

35

6 Fflat Gwyn

63 **Canwch y gân.**

Pluen ar y gadair!
Pluen ar y bwrdd!
Pluen ar y llyfrau!
Plu yn hedfan fry!

Pluen ar y cwpwrdd!
Pluen ar y llawr!
Pluen ar y gwely!
Plu yn hedfan fry!

64 **Gwrandewch a dangoswch.**

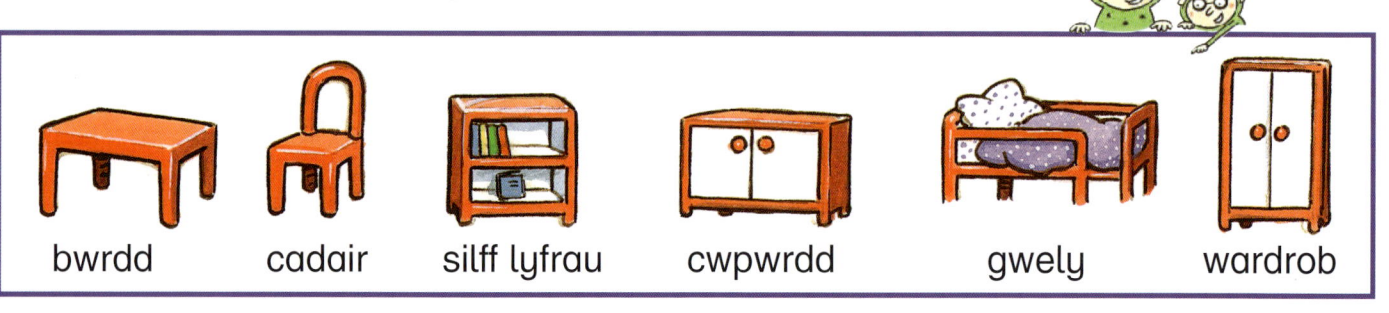

| bwrdd | cadair | silff lyfrau | cwpwrdd | gwely | wardrob |

36

Uned 6 Gwers 1

🔊 Gwrandewch a darllenwch.

1. O na! Ble mae'r mochyn cwta? Dydy e ddim yn y caets!

2. Edrychwch dan y cwpwrdd!

3. Ydy e ar y silff lyfrau?

4. … yn y wardrob?

5. Ble mae e?

6. Wff! Wff!
Gwrandewch! Ble mae Fflos?
Yn y gegin!

7. Edrychwch! Mae'r mochyn cwta yn y peiriant golchi!
Wff!
Da iawn Fflos! Dyna gi da!

Uned 6 Gwers 2

68 **Canwch y gân.**

1. Mae pêl gyda Fflos.
   Mae pêl gyda Fflos.
   Rholio, rholio, rholio. Wff!
   Mae pêl gyda Fflos.

2. Nawr dw i yn y gegin,
   Am wynt braf! *Cytgan*

3. Mewn i'r stafell molchi,
   Ych! Dw i'n wlyb! *Cytgan*

4. Nawr dw i yn y lolfa,
   Hwyl a sbri! *Cytgan*

5. Mewn i'r stafell wely,
   Blino'n lân.

6. Rolio, rholio, rholio ... Stop!
   Mae pêl gyda Flos.

Uned 6 Gwers 3

Gwrandewch a dywedwch.

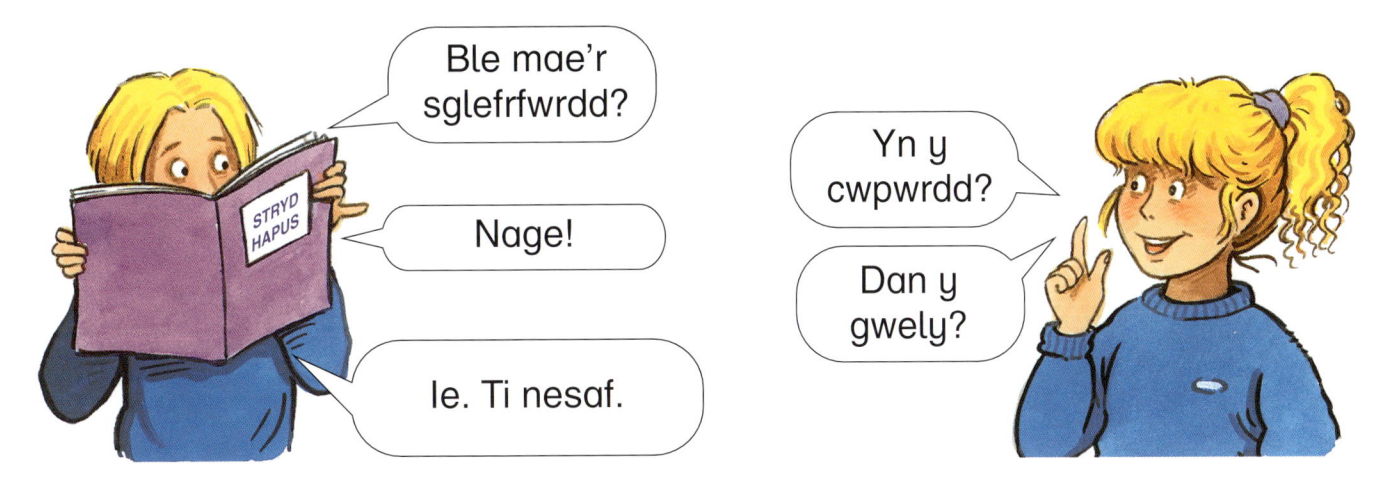

Ble mae'r sglefrfwrdd?

Nage!

Ie. Ti nesaf.

Yn y cwpwrdd?

Dan y gwely?

Nawr chwaraewch y gêm.

Uned 6 Gwers 4

Darllenwch.

> Dewch i mewn i fy stafell wely! Mae cyfrifiadur ar y bwrdd. Mae gitâr dan y gwely, ac mae bocs teganau yn y cwpwrdd. Dw i'n hoffi fy stafell wely. Mae'n wych!

Antur Alun

Stori 2: Y Lleidr Aur

1. O, cerdyn post!

2. CERDYN POST — Edrychwch ar y bwrdd yn y gegin!

3. Magned... a gêm arall i'r cyfrifiadur!

4. B... dau... WOOOOOOOO!

5. Awel. Ti eto! Helo, Alun.

6. Stopiwch hi! Mae'r Eryr Aur gyda hi!

7. Y Lleidr Aur! Dewch, Alun, ble mae'r car yn mynd?

8. Aur, aur, aur! Gwych!

Diwedd rhan 1...

Uned 6 Gwers 6

41

7 Yn y stryd

77 **Canwch y gân.**

Menyw ac un ci
Yn aros am y bws.
Menyw ac un ci
Yn aros am y bws.

Bachgen a babi
Yn aros am y bws.
Bachgen a babi
  A menyw ac un ci
Yn aros am y bws.

Dyn a merch fach
Yn aros am y bws.
Dyn a merch fach
  Bachgen a babi
    A menyw ac un ci
Yn aros am y bws.

78 **Gwrandewch a dangoswvh.**

| menyw | ci | bachgen | babi | dyn | merch |

42   Uned 7 Gwers 1

80 **Gwrandewch a darllenwch.**

1 Nawr te, ble mae Rhian?

2 Na, mae gwallt hir brown gyda Rhian.

Dyna Rhian?

3 Edrychwch, mae gwallt hir brown gyda hi.

Isht Jac! Dyn ydy e.

4 Mae gwallt hir gyda HI.

Oes, mae gwallt hir DU gyda hi. Mae gwallt hir BROWN gyda Rhian!

5 Mae gwallt hir brown gyda HI!

Peidiwch â bod yn dwp, Jac!

6 Helo, Rhian! Dw i'n hoffi dy wallt!

Diolch!

7 Ond mae gwallt melyn byr gyda hi!

Uned 7 Gwers 2

Canwch y gân.

Tal a byr, Tal a byr,
Pawb ar y stryd, pawb ar y stryd
Tal a byr, Tal a byr.
Pawb ar y stryd.

Tew a thenau, Tew a thenau.
Pawb ar y stryd, pawb ar y stryd
Tew a thenau, Tew a thenau,
Pawb ar y stryd.

Hen ac ifanc, Hen ac ifanc,
Pawb ar y stryd, pawb ar y stryd
Hen ac ifanc, Hen ac ifanc.
Pawb ar y stryd, pawb ar y stryd.

84 **Gwrandewch a dywedwch.**

"Bachgen. Mae e'n dal ac mae gwallt brown gyda fe."

"Bachgen... ac mae e'n dal, ac mae gwallt brown gyda fe."

"Ie."

"Dw i'n gwybod. Rhif 4!"

"Dyna fe - Ti nesaf!"

Nawr chwaraewch y gêm.

Uned 7 Gwers 4

Darllenwch.

Owen ydy enw fy ffrind gorau. Mae e'n fyr ac mae gwallt byr melyn gyda fe. Mae llygaid glas gyda fe. Ble mae e?

Caryl ydy enw fy ffrind gorau. Mae hi'n dal ac mae gwallt hir coch gyda hi. Mae llygaid glas gyda hi. Ble mae hi?

Antur Alun

Y Lleidr Aur: Rhan 2

1. Dyma'r car. Ie, ond ble mae'r Lleidr Aur?

2. Edrychwch! Dyna fenyw ... Mae gwallt hir melyn gyda hi ac ... Ie! Y Lleidr Aur ydy hi.

3. Dewch i fyny'r grisiau!

4. Hei! Stopiwch!

5. Brysiwch, Alun. RHEDWCH!

6. Ond… ble mae hi? Wn i ddim!

7. Hwyl fawr fy ffrindiau! Ha, ha, ha! BRRRWWWWWM!

Diwedd rhan 2…

Uned 7 Gwers 6

Darllen estynedig

Ein tai ni

Darllenwch am y tai yma.

Mae'r ferch yma yn byw mewn cwch ar yr afon. 'Lili Mei' ydy enw'r cwch. Mae'n goch a du a melyn. Does dim gardd gyda fe, ond mae llawer o flodau gyda fe.

Mae'r bachgen yma yn byw mewn fflat yn y ddinas. Mae'n eitha bach, ond mae ffenestri mawr gyda hi. Mae'r bachgen yn gallu gweld y parc o'r fflat.

Mae'r fenyw yma yn byw mewn bwthyn yn y wlad. Mae'n fach iawn - mae dwy stafell gyda fe lan stâr ac mae dwy stafell gyda fe lawr stâr.

Mae'r dyn yma yn byw mewn melin wynt. Mae'n uchel iawn. Mae un stafell ar bob llawr. Mae llawer o risiau.

Disgrifiwch eich tŷ.

48

Dywedwch y gerdd i godi ofn ar eich ffrind.

Mae'n dywyll yn y stryd -
ond peidiwch ag ofni!
Edrychwch o gwmpas -
dyna dŷ!

Mae'n dywyll yn y tŷ -
ond peidiwch ag ofni!
Edrychwch o gwmpas -
dyna gwpwrdd!

Mae'n dywyll yn y cwpwrdd -
ond peidiwch ag ofni!
Edrychwch o gwmpas -
dyna focs!

Mae'n dywyll yn y bocs -
ond peidiwch ag ofni!
Edrychwch o gwmpas -
dyna ...
LYGODEN!

Gwich!

Hwyl Hywel!

Helo, Malwoden!
Helo!

Beth wyt ti'n wneud?

Dw i'n paentio'r tŷ!

8 Ar iard yr ysgol

89 **Canwch y gân.**

Dw i'n frwnt! Mae mwd ar fy sgidiau.
Mae mwd ar fy sanau i.
O dw i'n frwnt! Y crys T a'r trowsus.
Ych, mae mwd arna i!

Dw i'n frwnt! Mae mwd ar fy siwmper.
Mae mwd ar fy sanau i.
O dw i'n frwnt! Mae mwd ar fy sgert.
Ych, mae mwd arna i!

90 **Gwrandewch a dangoswch.**

| crys T | sanau | sgidiau | trowsus | siwmper | sgert |

Gwrandewch a darllenwch.

1. Siwmperi... sgidiau... sanau... o diar!

2. Nawrte, dyma siwmper Non. Dyma ti, Non.
   Diolch, Miss Jones!

3. A dyma esgid Gwyn!
   Diolch, Miss Jones!

4. Pwy sy biau'r het? Jac?
   Wn i ddim!

5. O gwych! Dyna fy het! Diolch, Miss Jones!

6. Het Mr Potter ydy hi!

Uned 8 Gwers 2

🔊 94 Canwch y gân.

Dw i'n casáu y siwmper,
  y siwmper, y siwmper,
Dw i'n casáu y siwmper.
Mae'r siwmper yn rhy fawr.

  Wel gwisgwch un arall, un arall, un arall,
  Wel gwisgwch un arall, un arall, Gwyn bach!

Dw i'n casáu y siwmper,
  y siwmper, y siwmper,
Dw i'n casáu y siwmper.
Mae'r siwmper yn rhy fach.

  Wel gwisgwch un arall, un arall, un arall,
  Wel gwisgwch un arall, un arall, Gwyn bach!

Dw i'n hoffi y siwmper,
  y siwmper, y siwmper,
Dw i'n hoffi y siwmper,
Mae'r siwmper yn wych!

96 **Gwrandewch a dywedwch.**

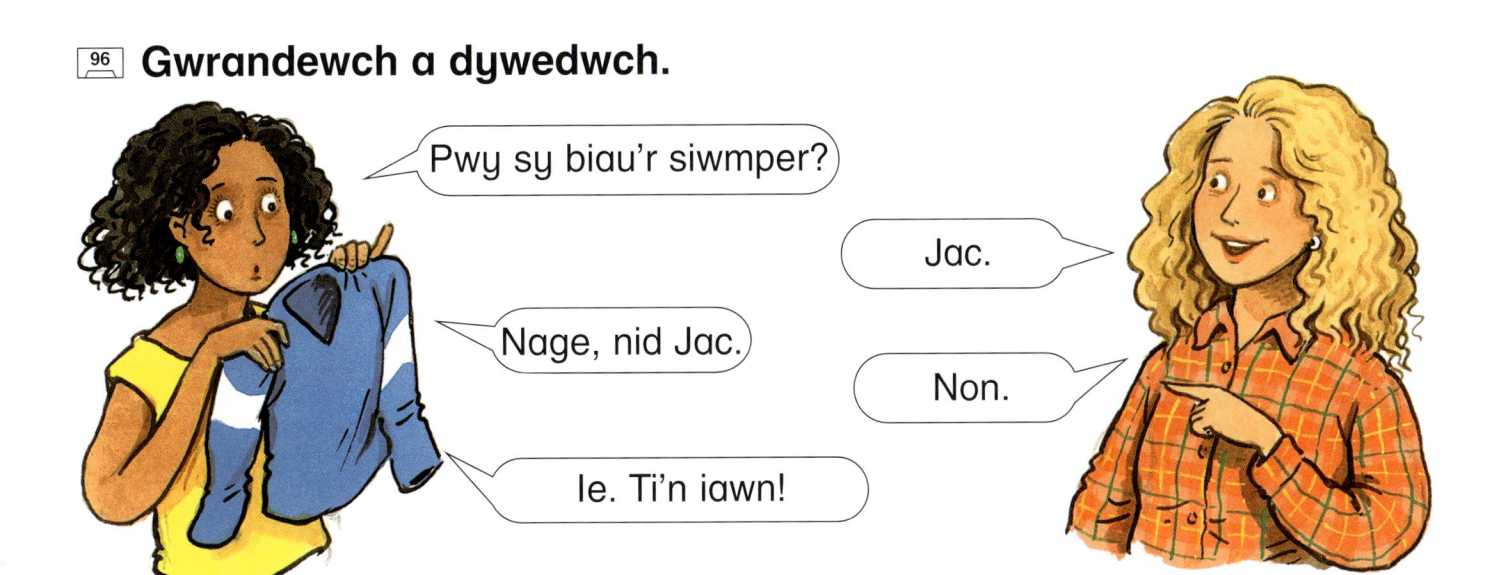

Pwy sy biau'r siwmper?

Jac.

Nage, nid Jac.

Non.

Ie. Ti'n iawn!

Nawr chwaraewch y gêm.

Uned 8 Gwers 4

53

Darllenwch.

Dw i'n gwisgo trowsus coch a chrys gwyn Dad ac mae cleddyf gyda fi. Môr-leidr ydw i!

Dw i'n gwisgo ffrog hir ac mae mwclis gyda fi. Tywysoges ydw i ac mae coron gyda fi!

Cath ydw i. Dw i'n gwisgo crys T du a theits du. Mae cynffon hir gyda fi.

Dw i'n gwisgo trowsus rhy fawr a het rhy fach. Clown ydw i.

54

Uned 8 Gwers 5

Antur Alun

Y Lleidr Aur: Rhan 3

1. Dinas fawr ydy hon, Awel. / Ie, rhy fawr!

2. B2... Beth ydy B2? Hmm...

3. Dw i'n gwybod! B2 ar fap - dyna fe. Stryd Hir!

4. Aur, aur gwych! Ha, ha, ha! / Gwrandewch!

5. Brysiwch! Mae hi ar y llawr top - rhif 10.

6. Nid dyma'r llawr top! Beth sy'n bod?

7. Dewch Alun, ond peidiwch ag edrych i lawr.

8. Waw! Alun, edrychwch.

Diwedd rhan 3...

Uned 8 Gwers 6

9 Yn y ganolfan hamdden

101 Canwch y gân.

Troed yn y dŵr,
Sblish, sblash, sblish, sblash, sblosh!
Troed yn y dŵr,
Sblish, sblash, sblish, sblash, sblosh!

Coes yn y dŵr…

Corff yn y dŵr…

Braich yn y dŵr…

Llaw yn y dŵr…

Pen yn y dŵr,
Sblish, sblash, sblish, sblash, sblosh!
Pen yn y dŵr…

102 Gwrandewch a dangoswch.

| troed | coes | corff | braich | llaw | pen |

Uned 9 Gwers 1

Gwrandewch a darllenwch.

1. Dewch, Mari. Ciciwch!

2. O na! Fy ffôn!

3. Ble mae'r ffôn? Wyt ti'n gallu gweld fy ffôn, Non? — Ydw, edrychwch!

4. Mae'n iawn Dad, dw i'n gallu plymio!

5. Dyma ti! Ydy e'n iawn!

6. Ydy! Gwrandewch! Wyt ti'n gallu glywed e?

Dywedwch y rhigwm.

1. Dwylo i fyny!
2. Dwylo i lawr!
3. Neidiwch i'r dde!
4. Neidiwch i'r chwith!
5. Ciciwch i'r dde!
6. Ciciwch i'r chwith!
7. Sefwch yn syth!
8. Plygwch i'r dde!
9. Plygwch i'r chwith!
10. A... gorffwyswch!

Uned 9 Gwers 3

Gwrandewch a dywedwch.

Wyt ti'n gallu nofio?
Nag ydw.
Wyt ti'n gallu chwarae tenis?
Nag ydw.
Wyt ti'n gallu chwarae pêl-droed?
Ydw.
Wyt ti'n gallu sgïo?
Nag ydw.
Dw i'n gwybod. Rhif 2.

Nawr chwaraewch y gêm.

1
2
3
4
5
6

Uned 9 Gwers 4

Darllenwch.

Edrychwch! Dw i'n gallu cyffwrdd fy nhraed.

Dw i'n gallu cyffwrdd fy mhen gyda fy nhroed.

Dw i'n gallu sefyll ar fy nghoes chwith gyda fy llaw dde ar fy mhen.

Dw i'n gallu rhwbio fy mola a phatio fy mhen.

Antur Alun

Y Lleidr Aur: Rhan 4

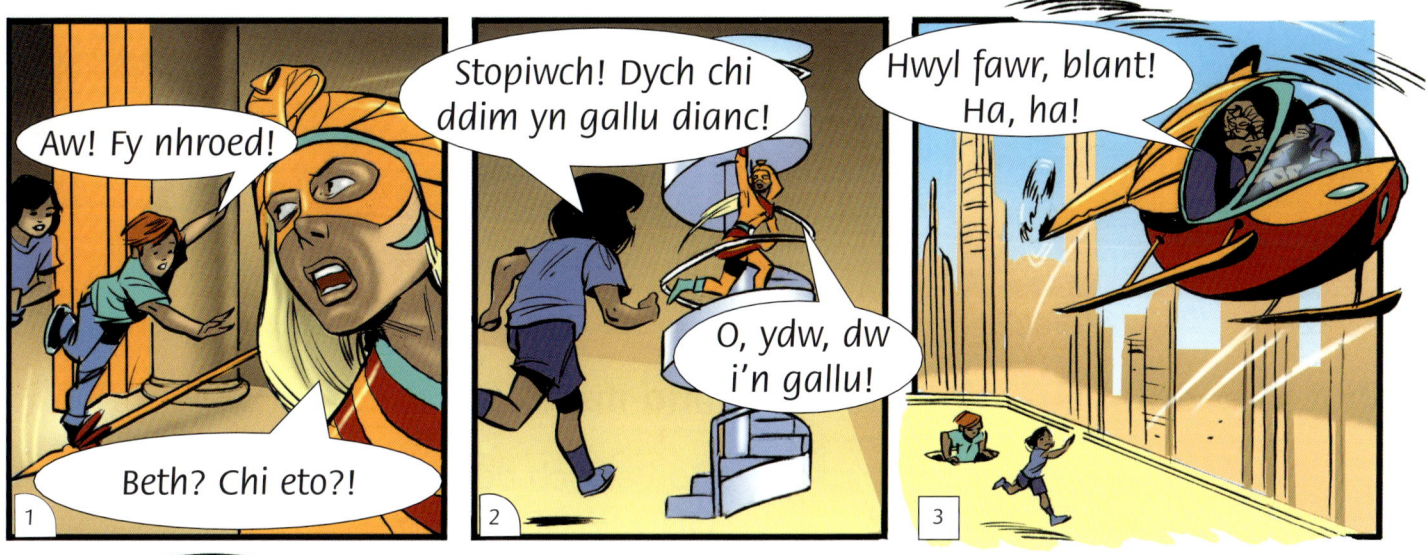

1. Aw! Fy nhroed! / Stopiwch! Dych chi ddim yn gallu dianc! / Beth? Chi eto?!

2. O, ydw, dw i'n gallu!

3. Hwyl fawr, blant! Ha, ha!

4. Brysiwch Alun. Ydy'r magned gyda ti?

5. Stopiwch yr hofrennydd! / Helpwch fi, Awel!

6. Mae hi gyda ni!

7. Llongyfarchiadau Awel ac... o, ble mae dy ffrind?

8. Hei! Yn y tŷ eto!

Y Diwedd

Uned 9 Gwers 6

61

Darllen estynedig

Cuddwisg

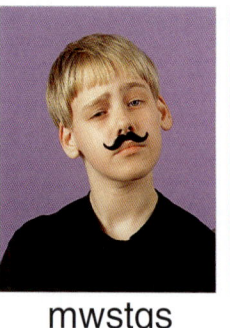

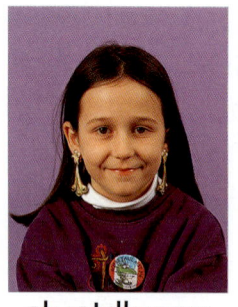

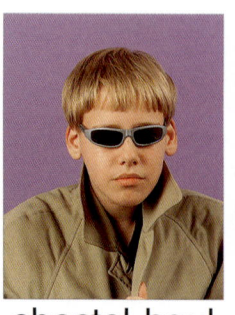

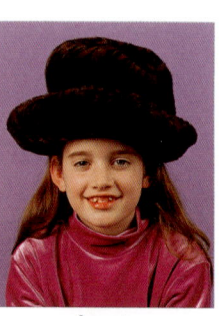

barf   sbectol   mwstas   clustdlysau   sbectol haul   het

Wyt ti'n gallu helpu ffeindio'r Efeilliad Ifans?

Yn Eisiau

LLADRON BANC
Yr Efeilliaid
Siân a Siôn Ifans
Campwyr cuddwisg!

Darllenwch adroddiadau y ditectifs...
OND BYDDWCH YN OFALUS!
Mae adroddiad Ditectif Darsi yn GYWIR
OND
Mae adroddiad Ditectif Digl yn ANGHYWIR!

CYFRINACHOL

Adroddiad ar: Yr Efeilliaid Ifans
Gan: Ditectif Derec Darsi
Dyddiad: Ionawr 13eg

Mae Siôn a Siân Ifans, y lladron banc, yn y maes awyr.

Mae tair miliwn o bunnoedd gyda nhw mewn bag glas.

Dw i'n credu bod Siân yn gwisgo sbectol haul a dw i'n credu bod gwallt hir gyda hi. Dw i'n credu bod gwallt du a mwstas gyda Siôn.

Ble maen nhw?

Derec Darsi

CYFRINACHOL

Adroddiad ar: Yr Efeilliaid Ifans
Gan: Ditectif Dewi Digl
Dyddiad: Ionawr 13eg

Dw i'n credu bod Siôn a Siân Ifans yn y maes awyr.

Mae tair miliwn o bunnoedd gyda nhw mewn bag gwyrdd.

Dw i'n credu bod clustdlysau mawr a gwallt brown gyda Siân. Dw i'n credu bod barf gyda Siôn a dw i'n credu bod Siôn yn gwisgo sbectol.

Ble maen nhw?

Dewi Digl

Disgrifiwch berson arall yn y maes awyr i'ch ffrind.

Hwyl Hywel!

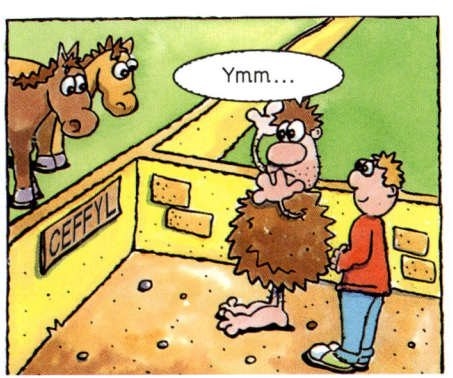

Gwasg Addysgol Drake is the Welsh Language imprint of Drake Educational Associates Ltd,
A member of the Drake Group of Companies

© Oxford University Press 2000
ⓗ ArgraffiadCymraeg, Gwasg Addysgol Drake 2004

No unauthorised photocopying

All rights reserved. No part of this publication may be reproduced, stored in a retrieval system, or transmitted, in any form or by any means, without the prior permission in writing of Gwasg Addysgol Drake, or as expressly permitted by law, or under terms agreed with the appropriate reprographics rights organisation. Enquiries concerning reproduction outside the scope of the above should be sent to Gwasg Addysgol Drake.

You must not circulate this book in any other binding or cover and you must impose the same condition on any acquirer.

ISBN 0 86174 753 4

Printed in Wales

Acknowledgements
The authors and publishers would like to thank all the teachers who have contributed so usefully to the development of the project at all stages of its development.

Project Director: Barbara Cargill
Welsh Language Advisor: Ann Samuel
Welsh Language Adaptation: Mair Loader
Design: Noel Thomas

Illustrations
Stryd Hapus characters and artwork by Peter Stevenson
Antur Alun by Peter Richardson

Garry Davies pp 21 (occupations), 62, 63; Kelly Harrison pp 21 (rhyme), 35; Anna Leplar Elizabeth Roy Literary Agency p 34; Bernice Lum (Quizzy and Ziggy); Claire Mumford p 49; Jim Peacock pp 21, 35, 49, 63 (Fun with Fred); Mark Ruffle p 20 (handwriting)

Commisioned photography
Haddon Davies pp 48 (portraits), 62
Sandi Friend pp 7, 12, 18, 26, 32, 40, 46, 54, 60

The publishers would like to thank the following for permission to reproduce photographs:
Collections pp 20 (girl with pet rabbit/Sandra Lousada), 48 (apartment block/Lesley Howling, windmill/Gill Jones, thatched cottage/Liz Stares); Sally & Richard Greenhill p 48 (house boat); Popperfoto p 20 (gymnast/Dave Joiner); Janine Wiedel p 20 (boy and girls)

We would like to thank the following for their help:
Cycle King, Oxford; Furniture Village plc, Abingdon; Thames Valley Systems plc, Reading

Gwasg Addysgol Drake
Ffordd Sain Ffagan, Y Tyllgoed, Caerdydd CF5 3AE
Ffôn: 029 2056 0333
Ffacs: 029 2056 0313
e-bost: info@drakeed.com
y we: www.drakeed.com

DRAKE